Nur noch für Dich
Band III

Hubertus Scheurer

Nur noch für Dich

Eine Liebeserklärung

Band III

Bibliografische Information der Deutschen Nationalbibliothek:
Die Deutsche Nationalbibliothek verzeichnet diese Publikation in der
Deutschen Nationalbibliografie; detaillierte bibliografische Daten sind im
Internet über < http://dnb.d-nb.de > abrufbar.

Hubertus Scheurer – Nur noch für Dich III
© Copyright 2008. Alle Rechte beim Autor.
Satz, Umschlaggestaltung, Herstellung und Verlag:
Books on Demand GmbH, Norderstedt
ISBN: 978-3-8334-7406-4

Informationen über:

www.Hubertus-Scheurer.de

Inhaltsverzeichnis

Vorwort

Meine Carolina ist mit mir übereingekommen, daß ich über unseren weiteren Gedankenaustausch nicht mehr berichten werde. Deshalb bilden die Gedichte, die ich hier zusammengefaßt habe, den Abschluß der Gedichtbände »Nur noch für Dich«.

Hubertus Scheurer

Sie würd lächeln

Heut hielt ich den zweiten Band
»Nur noch für Dich« in meiner Hand;
Schaute auf ein Exemplar,
Das nun endlich fertig war.

Vorn das Bild, auf hellem Blau,
Die Geliebte, meine Frau;
Wäre ihr doch nur vergönnt,
Daß sie's einmal sehen könnt.

Sie würd lächeln, tät das gut,
Gäbe Trost mir, etwas Mut,
Doch nur eine Träne fand
Hin den Weg zum zweiten Band.

Heimwärts

Es geht heimwärts; vom Gefühl her
Komme ich Dir immer näher,
So wie früher, ich fahr schneller,
Dann erreich ich Dich noch eher.

Schön wär's, bin ich denn bei Sinnen?
Ich will's einfach nicht verstehen,
Kann die Zeit zurück nicht drehen
Und Dich nicht zurück gewinnen.

Wann begreif ich, Zeit ging weiter,
Daß ich Dich im Herzen trage,
Bist dort immer mein Begleiter
Bis ans Ende meiner Tage.

Um diese Zeit

Mein lieber Schatz, um diese Zeit
Rief ich Dich an im Tageslauf,
Du hieltest Dich dann schon bereit,
Und beide freuten wir uns auf

Den nun gleich folgenden Empfang
Des anderen am Telefon,
Zu hören seiner Stimme Klang,
Den uns so sehr vertrauten Ton.

Da greife ich zum Apparat,
Frag mich sogleich, was mach ich bloß,
Möchte Dich hörn, weiß in der Tat,
Das ist doch völlig aussichtslos.

Selbstfindung

Zeitlebens sucht' ich mich in Dir,
Nun führt mich Einsamkeit zu mir,
Doch ohne Dich ist das kein Leben,
Du hast ihm seinen Sinn gegeben.

So fühle ich mich ohne Dich
Verloren im verbliebnen Ich,
Find'mich nur wieder in Gedanken,
Die sich um unser Leben ranken.

Nie wieder froh

Den geliebten Menschen sehen
Auf dem Leidensweg zum Tod;
Hilft kein Hoffen und kein Flehen
Ihm in seiner schwersten Not,

Geht in Dir etwas zugrunde,
Stirbt zugleich ein Teil von Dir
Mit in seiner Todesstunde,
Einsam wird es für Dich hier.

In Gedanken sein Begleiter,
In dem Herzen ebenso,
Lebst Du bis zum Ende weiter,
Traurig, wirst nie wieder froh.

Das Wiedersehn

Verbleibt nur noch ein Lebensrest,
Nachdem Dein Liebstes Dich verläßt,
Zum Jenseits, ohne Wiederkehr,
Erscheint die Welt Dir trostlos, leer.

Der Lebensrhythmus wurd zerstört,
Man weiß nicht, wo man hingehört,
Fängt einen in des Tages Lauf
Kein liebevolles Lächeln auf.

Es bleibt Dir die Erinnrung nur,
Bist ihr beständig auf der Spur,
Träumst, mög' ein Wunder doch geschehn,
Vom allerschönsten Wiedersehn.

Dein Abschiedswort

Dein Abschiedswort: »Auf Wiedersehn«,
Mein Schatz, wie sollt' ich das verstehn?
Du glaubtest vielleicht fest daran,
Daß ich Dich wiedersehen kann.

In diesem Glauben schliefst Du ein,
Er wird Dir Trost gewesen sein;
Du wußtest, für ein Wiedersehn
Würd ich durch jede Hölle gehn.

So stehe ich nun allezeit
Für unser Wiedersehn bereit,
Und gibt es einen Weg zu Dir,
Ich find ihn, Liebste, glaube mir.

Mein Wunsch kam an

Dein Geburtstag, schon der zweite,
Ohne Dich an meiner Seite,
Doch ich gratuliere Dir,
Bist im Herzen eins mit mir;

So wird es an allen Tagen,
Die da kommen, für uns schlagen;
Sieht für sein Bemühn darin
Den ihm noch verbliebnen Sinn.

Ich spür, wenn ich gratulier,
Regt sich gleich das Herz in mir;
Woraus ich wohl schließen kann,
Daß mein Wunsch kam bei Dir an.

Ein Sonnenschein

Am fünften, zwölften, welch ein Glück,
Erblicktest Du das Licht der Welt,
Hast sie fortan, denk ich zurück,
Durch Deine Gegenwart erhellt.

Am zwölften, fünften, umgekehrt,
Das Licht erlosch, Du bist nicht mehr,
Ein weitres Glück wurd uns verwehrt,
Dein Platz bleibt nun für immer leer.

Doch Du wirst nie vergessen sein,
Von keinem, der Dich hat gekannt,
Für uns warst Du ein Sonnenschein,
Tief in die Herzen eingebrannt.

L-Effekt nicht entdeckt

Lieber Schatz, im zweiten Band,
Der nur noch für Dich entstand,
Schrieb ich auch vom Lügenbrei
Unsrer werten Polizei.

Sie erhielt zur bessren Sicht
Von mir jeweils ein Gedicht;
Einen Läuterungseffekt
Hab ich jedoch nicht entdeckt.

Es blieb aus die Resonanz,
Sozusagen voll und ganz;
Doch auch das nehm ich in Kauf,
Geb die Hoffnung noch nicht auf.

Auf den nächsten Seite steht,
Wie die Sache weitergeht,
In Gedichtform und fürwahr
Sende ich ein Exemplar

Davon dann der Polizei;
Die gewinnt sogar dabei,
Wenn sie sich der Wahrheit stellt
Und ans Grundgesetz sich hält.

HH - POLIZEI
tief verstrickt im Lügenbrei

Freiheit

Freiheit unser höchstes Gut,
Wieder mal ein alter Hut
Für die Landespolizei,
Tief verstrickt im Lügenbrei.

Wahrheit interessiert sie nicht,
So erlischt der Freiheit Licht
Und damit zugleich der Frieden,
Der in Freiheit uns beschieden.

Dem gilt es sich zu erwehren,
Deshalb schreib ich ihr zu Ehren,
Nur durch Wachsamkeit und Mut
Schützen wir das höchste Gut.

Freund und Helfer

Daß die werte Polizei
Mir ein Freund und Helfer sei,
Widerlegt sie einwandfrei
Schon mit ihrem Lügenbrei.

Tritt, scheint mir, das Recht mit Füßen,
Adolf Nazi, er läßt grüßen,
Ich soll, wirklich schwer zu fassen,
Therapeutisch prüfen lassen,

Ob ich in der Lage wär,
Dies betrifft mein Luftgewehr,
Vollverantwortlich zu sein,
Ich erweckte nicht den Schein.

Hatt' ich Tauben doch vertrieben,
Wie zuvor bereits beschrieben,*
Und dabei ganz unverdrossen
Wiederholt mit Luft geschossen.

So könnt durch den frischen Wind
Sich erkälten gar ein Kind,
Das zugleich beim Denunziant
In dem Garten sich befand.

Hiermit will ich mich begnügen,
Komme gern noch auf die Lügen,
Das ist auch ein starkes Stück,
Dann ein andermal zurück.

*Sh.: »Nur noch für Dich«, Band II, Denunziant im tauben Land/Frau Pöbelmann

Die Lügenpolizei

Wenn ich spräche von den Lügen
Unsrer werten Polizei,
Müßte ich, so tat man rügen,
Sagen, was hier Sache sei.

Also gut, ich werd berichten
Von den Lügen eins bis drei,
Ohne was hinzuzudichten,
Entsteht so der Lügenbrei.

Lüge eins, die Denunzianten
Hätten ein Gespräch geführt,
Weil sie die Gefahr erkannten,
Doch ich hätte nichts kapiert.

Nein, so ist das nicht gewesen,
Ein Gespräch das gab es nie,
Eine der verlognen Thesen,
Polizei hat Phantasie.

Zweitens, ich hätt vorgelesen
Ein Gedicht der Polizei,
Ich wollt, es wär so gewesen,
Doch auch dies erfand sie frei.

Tat sich selber widerlegen
Mit der Lüge Nummer drei,
Daß vom Abschuß, na von wegen,
Im Gedicht die Rede sei. *

Nun, ich denk, das sollt genügen,
Heißt es doch, dem glaubt man nicht,
Wer einmal lügt, hier warn's drei Lügen,
Selbst wenn er dann die Wahrheit spricht.

*Sh.: »Nur noch für Dich«, Band II, Denunziant im tauben Land

Wider die Wahrheit

Feind der Wahrheit ist der Wille,
Der verschrieben sich der Macht,
Auswächst sich in aller Stille,
Bis er jedes Recht verlacht.

Der im Scheine sich verkleidet
Als sucht er der Wahrheit Licht,
In der Wirklichkeit sie meidet,
Denn die Wahrheit nützt ihm nicht.

Macht die Lüge zu dem Wahren,
So, daß jetzt die Wahrheit lügt,
Und im weiteren Gebaren
Ehrlich scheint, der wer betrügt.

Darf man öffentlich nicht zeigen,
Was geschieht in einem Land,
Wird verordnet gar das Schweigen,
Führt das leicht zum Flächenbrand.

Wahrheit hinter Schloß und Riegel,
Lüge, die als Wahrheit gilt,
Zeigt dann wie in einem Spiegel
Das gesellschaftliche Bild.

Aus dem Buch: »Sokrates läßt Deutschland grüßen damit
Freiheit atmen kann«

Eine wäscht die andre Hand

Hamburgs Landespolizei,
Kann man lesen, war so frei,
Drang zu viert gleich, nicht grad fein,
Bei mir in die Wohnung ein,[1]

So als ob ich ohne Ehr
Gar ein Schwerverbrecher wär;
Die vergangne Nazi-Zeit
Schien zurück mir nicht sehr weit.

Damals war die Polizei
Gleich mit Massenmord dabei,[2]
Doch sensibel wurd sie nicht,
Jedenfalls aus meiner Sicht.

Steht stramm vor dem Denunziant,
Wenn er Einfluß hat im Land;
Ich denk ein Regierungsrat
Hat wohl solchen in der Tat.

Es ist polizeibekannt,
Eine wäscht die andre Hand,
So ging's auch der Mörderbrut
Dann im Rechtsstaat wieder gut.[3]

Hamburgs Landespolizei
Tischte auf mir Lügenbrei,[4]
Schaun wir, ob ihr Präsident
Sich zur Wahrheit nun bekennt.

[1] Sh.: »Nur noch für Dich«, Band II, Denunziant im tauben Land
[2] Sh.: »Frankfurter Allgemeine« v. 22.9.07:
Das BKA deckt seine düstere Vergangenheit auf
[3] Sh.: »Frankfurter Allgemeine« v. 22.9.07:
Nach dem Vorbild des Reichskriminalamtes
[4] Sh.: »Nur noch für Dich«, Band II, Schnelle Brüter

Nutzen vor Wahrheit

Leider liegt der Präsident,
Dacht ich's mir schon, voll im Trend:
Wahrheit und Wahrhaftigkeit
Passen nicht in unsre Zeit.

So mißt er dem Lügenbrei
Seiner Landespolizei,
Was im Lande üblich sei,
Keinerlei Bedeutung bei.

Lügt zudem der Polizist,
Weil das durchaus nützlich ist,
Zeigt sich, wie es so schön heißt,
Hier sogar ein Mann von Geist.

Deshalb gilt für jedermann,
Auf den Nutzen kommt es an;
So ist's besser, man vergißt
Wahrheit, die nicht nützlich ist.

Sprachlos

Dem Präsident der Polizei
Hat die Sprache es verschlagen,
Dabei liegt der Lügenbrei
Ihm doch gar nicht auf dem Magen.

Vielleicht will er einfach nicht
Der Verantwortung sich stellen,
Würde in der Wahrheit Licht
Was im argen liegt erhellen.

Oder fehlt ihm wohl der Mut ?
Wer hat schon im Land Courage,
Sie tät einem Rechtsstaat gut,
Letztlich bleibt sonst die Blamage.

Was hält mich hier?

Mein Liebling, lang schon wär ich fort,
Was hält mich noch an diesem Ort?
Die Wohnung, die mir heilig ist,
Wo Du allgegenwärtig bist.

Ein jeder Gegenstand erzählt
Von Dir, Du hast ihn ausgewählt;
Schau ich ihn an, kann ich Dich sehn,
Als wär es eben erst geschehn.

Die Wohnung wurd für kurze Zeit
Dann von der Polizei entweiht,
Die sich den Zutritt hat verschafft,
Gefühllos kalt umhergegafft.

Ich denke oftmals noch daran,
Hoff, daß ich es vergessen kann,
Daß man mich für des Lebens Rest
Zumindest hier in Ruhe läßt.

Nur Du hältst mich in diesem Land
Durch der Erinnrung tiefes Band;
Holt mich der Tod, möcht ich allein
Mit Dir in unsrer Wohnung sein.

Taubenjagd in einem Jet

Bald, Schatz, reicht mein Luftgewehr
Wohl der Polizei nicht mehr;
Dann schoß ich, schenkt man ihr Glauben,
Mit der Panzerfaust auf Tauben.

Das hätt aus Beamtensicht
Gleich ein stärkeres Gewicht,
Schließlich war ich, konnt man lesen,
Ja beim Militär gewesen.

Auch ein Nachbar findet sich
Zum Beweis ganz sicherlich,
Der beim Abschuß durch das Knallen,
Ist aus seinem Bett gefallen.

Mit dem so erzeugten Druck
Ging durchs Haus ein solcher Ruck,
Daß das Dach wurd angehoben,
Tauben drauf im hohen Bogen
Salto rückwärts runterflogen.

Oder, das gäb noch mehr her,
Ich war bei der Bundeswehr,
Das wiegt schwer, zuerst ein Flieger,
Also gar ein warmer Krieger

Und verfolgte, das klingt nett,
Tauben nun mit einem Jet;
Da mußt', wer wollt das bestreiten,
Doch die Polizei einschreiten.

Die Broschüre

HH – Polizei
Tief verstrickt im Lügenbrei,
Bracht'ich als Broschüre raus,
Dem Senator gleich frei Haus.

Nachdem auch ihr Präsident
Diesen Vorgang hat verpennt,
Kann's doch sein, warum auch nicht,
Daß jetzt der Senator spricht.

Hab den Nagel, das war offen,
Doch nicht auf den Kopf getroffen,
Denn der Kopf war wohl zu klein,
Wird der Grund gewesen sein.

Deshalb ging der Schlag daneben,
Nun was soll's, so ist das eben,
War vergeblich mein Bestreben,
Kakaponien treu ergeben,*
Soll hoch der Senator leben !

*Sh.: Erlebnisse im Hotel, Band VIII, Seite 127 »Kakaponien«

Ein alter Hut

Fußball, unser höchstes Gut;
Ja, da werden alle munter,
Freiheit, längst ein alter Hut,
Was macht's, fällt der hinten runter?

Fußball ist es, der befreit,
Wenn wir wieder einmal siegen,
Vor Begeistrung jeder schreit,
Wir uns in den Armen liegen.

Freiheit aber, sie beengt,
Mahnt, Verantwortung zu tragen,
Besser, wenn man sie verdrängt,
Um dem Fußball nachzujagen.

Denker und Henker

Einst Dichter und Denker,
Dann Richter und Henker,
Die wahrhaftes Denken
Im Unrecht versenken.

So ging's durch die Zeiten,
Sich draus herzuleiten,
Verbleibt Unbehagen
Mit quälenden Fragen.

Was heute wir schauen,
Kann selten erbauen,
Wirft voraus die Schatten
Von dem, was wir hatten.

Ein Zeichen

Ich hab nichts mehr zu verlieren,
Seit Du mich verlassen hast;
Richter, die das Recht kastrieren,
Mögen drohen mir mit Knast.

Diesen blinden Staatslakaien
Biete lachend ich die Stirn,
Ihnen, die das Recht entweihen,
Mit dem eng begrenzten Hirn,

Wenn ich so vielleicht ein Zeichen
Für die Zukunft setzen kann,
Würde ich das gern erreichen,
Auf mehr kommt es mir nicht an.

Zweifelhafter Ruhm

Für die Bücher, allerhand,
Gab man schriftlich mir bekannt,
Wird der Aufwand, der entstand,
Steuerlich nicht anerkannt,

Weil, davon wär auszugehn,
Hier Gewinne nicht entstehn,
Somit auch der Fiskus dann
Niemals abkassieren kann.

Sehr beachtlich dieser Staat,
Zeigt mal wieder sein Format
Und was er von Büchern hält:
Geld allein zählt in der Welt.

Fahrn sie doch noch ein Gewinn,
Wett ich, langt er wieder hin;
Bleibt der zweifelhafte Ruhm
Für ihn im Schmarotzertum.

Heines Warnung

Solche Bücher läßt Du drucken!
Heine hätte mich beschworen:
Mensch, Dich muß das Fell wohl jucken,
Bist von Sinnen, bist verloren!

Doch nach allem, was geschehen,
Würd er heut in seinen Werken
Ganz gewiß nicht abseits stehen,
Mich im Handeln noch bestärken,

Um den Mächtigen zu zeigen,
Gleich wie weit ihr Arm mag reichen,
Bringt uns damit nicht zum Schweigen,
Kampflos werden wir nicht weichen.

Sh.: Heinrich Heine Werke, S. 264, »Warnung«
Emil Vollmer Verlag, Wiesbaden

Lenaus Gedicht

Mein Schatz, Du weißt, in Lenaus Werken
Fand ich zum Trost oft ein Gedicht,
Dann wieder galt es aufzumerken,
Weil er mit klaren Worten spricht;

Sich nicht scheut, das zu hinterfragen,
Was manchem sicher nicht genehm;
Die Wahrheit öffentlich zu sagen,
War Lenau sich nicht zu bequem.

Heut hab ich sein Gedicht gelesen:
»Ein offner Wald«, und mir gedacht,
Wär er an meiner Stell' gewesen,
Hätt er das für den Schnurz gemacht.

Deshalb möcht ich es wiedergeben,
In diesem Falle wortgetreu,
Das sollt doch Anwalt Schnurz erheben,*
Ich wünsch, daß er sich dran erfreu.

*Sh.: »Nur noch für Dich«, Band I, Seite 39, »Der Brief von
Schnurz«

Ein offner Wald

Ein offner Wald am Straßensaume
Ist ein Gedicht, du mußt's ertragen,
Reibt sich an seinem schönsten Baume
Ein Schwein mit grunzendem Behagen.

Himmelsbrüder

Der Hermann und Johannes
Was hatten sie gemein,
Ich frage mich, was kann es,
Was kann es denn wohl sein?

Johannes war ein Täufer
Mit Wasser klar und rein;
Der Hermann nur ein Säufer,
Trank täglich Bier und Wein.

Sie waren fromm die beiden,
Das hatten sie gemein
Und werden frei von Leiden
Nun Himmelsbrüder sein.

Wer schreibt der bleibt

Mein lieber Schatz, ich schreibe,
Ich schreib, damit ich bleibe
In Übung, nicht für mich,
Ich schreib nur noch für Dich.

Ansonsten kann das Schreiben
Mir jetzt gestohlen bleiben,
Denn bleiben will ich nicht,
Bin darauf nicht erpicht.

Bei Dir, da hätt' beileibe
Ich die ersehnte Bleibe,
Zu Dir zieht es mich hin,
Hier macht es keinen Sinn.

Kränken durch Denken*

Ist Dir Geist, Verstand zu eigen,
Welch ein Fehler dies zu zeigen;
Die Gesellschaft allgemein
Wird Dir kaum gewogen sein.

Fühlt sich eher noch gekränkt
Durch den Menschen, der tief denkt,
Dürfte ihren Groll erregen,
Sieht sie sich ihm unterlegen;

Die gekränkte Eitelkeit
In Verbindung mit dem Neid
Macht dann schnell zu einem Feind
Den, der überlegen scheint.

Minderwertigkeit zu spüren
Kann zu Haßgefühlen führen,
Und weil Geist den Zorn erweckt,
Hältst Du besser Dich bedeckt.

*Sh.: Schopenhauer, »Aphorismen zur Lebensweisheit«,
S. 221 u. 222, erschienen bei: Rhenania Bibliothek

Laß es nicht hinein*

Was von außen Dich bedrängt,
Laß es nicht hinein,
Sonst erträgt ein Mensch der denkt
Nicht des Schicksals Pein.

Stemm Dich mit dem ganzen Ich
Gegen seine Macht;
Bist Du selbst verantwortlich,
Zieh ernst in Betracht,

Was als Ziel Du Dir gestellt,
Darin säume nicht;
Gehe aufrecht durch die Welt,
Tue Deine Pflicht.

*Sh.: Hermann Hesse, »Lektüre für Minuten«, Seite 51

Es ist nichts[*]

An der Welt vorübergehen,
Als sei es nichts, geh ich dahin
Wie die Weisen es gesehen,
Suche nicht mehr nach dem Sinn.

Der Besitz, den ich erworben,
Es ist nichts, wird sich zerstreun,
Jetzt und bin ich erst verstorben,
Mög er andere erfreun.

An der Welt vorübergehen,
Frage mich nur noch wie lang,
Möcht in Selbstbestimmung stehen
Auch bei meinem letzten Gang.

[*]Sh.: Schopenhauer, »Aphorismen der Lebensweisheit«,
S. 152 u. 153 sowie
Anwari Soheili, ebendort, erschienen bei: Rhenania Bibliothek

Ein tragisches Komödienspiel

Ich mache dies, ich mache das,
Ich mache ständig irgendwas;
So geht das Leben weiter,
Und ich werd nicht gescheiter.

Was blieb von mir? Ein Automat,
In Kleidern, so ist's in der Tat,*
Dem es verwehrt, dem Rest vom Leben
Noch einmal einen Sinn zu geben.

So läuft es ab nun ohne Ziel,
Als tragisches Komödienspiel;
Es läßt sich nicht mehr wenden,
Wird somit traurig enden.

*Sh.: Schopenhauer, »Aphorismen der Lebensweisheit«, S. 264,
erschienen bei: Rhenania Bibliothek

Erlösung vom Sein

Im Nichtsgefühl der Ewigkeit
Fühlt ich mich einst verloren;
Im Jetztgefühl der Nichtigkeit
Wurd ich noch mal geboren.

Das Nichtsgefühl täuscht vor Bestehn
Für alle Ewigkeiten,
Die Nichtigkeit, sie wird vergehn,
Wenn wir ins Jenseits gleiten.

So gilt es, die verbliebne Zeit
Mit Gleichmut zu durchschreiten,
Den Blick für eine Ewigkeit,
Vom Sein erlöst, zu weiten.

Was will ich noch?

Es gilt nur noch zu sterben,
Was ist denn schon dabei?
Sie freun sich, die was erben,
Und ich werd endlich frei

Von allen den Beschwerden
Verbunden mit dem Sein,
Der Trübsal hier auf Erden,
Seitdem ich bin allein.

Hab selbst es in den Händen,
Was will ich denn noch mehr,
Dies Leben zu beenden,
Scheint so gesehn nicht schwer.

Nur ein Vorwand?

Mein lieber Schatz, an jedem Tag
Sehn ich mich nach dem Ende,
Daß ich nach all der Müh' und Plag'
Nun endlich Ruhe fände.

Doch schon sagt eine Stimme mir,
Vergiß nicht Deine Pflichten;
Bevor Du Abschied nimmst von hier,
Mußt Du noch manches richten.

Ob das wohl nur ein Vorwand ist,
Der Furcht, mich hier zu halten?
Es findet sich, solang du bist,
Stets etwas zum Gestalten.

Ausweg durch Erblinden

Wenn die Augen bald erblinden,
Werde ich den Ausweg finden,
Fort von Trübsal und der Pein,
Hier im erdgebundnen Sein.

So wie's Schicksal mischt die Karten,
Muß ich wohl nicht lang mehr warten;
Jederzeit könnt es geschehn,
Gab man mir klar zu verstehn,

Daß der Augen Sehkraft schwindet,
Bis ich plötzlich ganz erblindet;
Damit aber heißt es nun,
Was ich noch will, schnell zu tun.

Die Entwicklung wird mein Denken
Auch in neue Bahnen lenken,
Mit der Aussicht, daß ich dann
Der Geliebten folgen kann.

Ein tröstliches Empfinden

Mein Schatz, die Aussicht zu erblinden,
Erweckt ein tröstliches Empfinden;
Des Schicksals Lauf trifft nicht mehr hart,
Dir blieb die Angst um mich erspart.

So durfte ich bis zum Vergehen
Im Leid noch Deine Schönheit sehen;
Dein Lächeln bleibt mir allezeit
Ein Licht in tiefster Dunkelheit.

Ich konnte Dich, für uns ein Segen,
Behüten, unbehindert pflegen,
Dir liebevoller Beistand sein,
Bis Du schliefst ruhig für immer ein.

Das gibt es nicht mehr

Ein heitres Erwachen,
Ein fröhliches Lachen,
Wie lang ist es her?
Das gibt es nicht mehr.

Vergnügliche Stunden,
Dem Frohsinn verbunden,
Schon lang ist es her,
Das gibt es nicht mehr.

Seit Du mußtest leiden,
Und nach Deinem Scheiden
War all das vorbei,
Vorbei für uns zwei.

Auf Deiner Spur

Auf Deinen Spuren wandle ich,
Mein lieber Schatz, und denk an Dich;
Wo Du den Fuß hast aufgesetzt,
Geh ich, fühl mich so nah Dir jetzt,

Als ginge ich hier in Dir mit,
Wär eins mit Dir bei jedem Schritt;
Obwohl so eng mit Dir vereint,
Geliebter Schatz, mein Herz es weint.

Du fehlst, es möcht Dein Lächeln sehn,
Daß Arm in Arm wir beide gehn,
Es weiß, verlaß ich Deine Spur,
Bleibt für uns wieder Leere nur.

Was nun mein Schatz?

Mein lieber Schatz, und nun,
Sag mir, was soll ich tun?
Ich weiß nicht wie es weitergeht,
Denk nur an Dich von früh bis spät.

An jedem Tag das gleiche Leid,
Es wird nicht besser mit der Zeit,
Du fehlst mir immer mehr,
Doch wenn es anders wär,

Hieß dies nicht, daß ich irgendwann
Dich vielleicht ganz vergessen kann,
Was Du mir hinterlassen hast,
Dein Bild, dann nach und nach verblaßt?

Mein lieber Schatz, was tun?
Ich möchte mit Dir ruhn,
Von Ewigkeit zu Ewigkeit,
Wünsch mir, es wär schon bald soweit.

Ich liebe Dich

Seit Du nicht mehr bist,
Mag ich nicht mehr sein;
Hab Dich so vermißt,
Tagaus und tagein.

Wünsch mir so sehr,
Dich wiederzusehn,
Mein einzig Begehr,
Dann möcht ich vergehn,

Dir sagen: »Mein Schatz,
Ich liebe Dich«,
Und dieser Satz
Er gilt ewiglich.

Mein letzter Traum

Den neuen Tag erträum ich mir
Als schönsten Traum vor meinem Ende;
Geh eng umschlungen fort mit Dir,
Ganz sanft berührn Dich meine Hände,

In eine Welt des wahren Seins,
Wo wir nicht Leid und Falschheit kennen,
In unsrer tiefen Liebe eins,
Dort kann uns keine Macht mehr trennen.

„Neuer Tag“

Erlebnisse im Hotel mit König Alfred und sei-
nem Hanswurst unter Berücksichtigung der
Zensur durch das Landgericht Hamburg. Der
Kampf eines Bürgers gegen ein Unternehmen
mit faschistoiden Verhaltensweisen Band I-VIII
Band I ISBN 978-3-8334-7985-4

König Alfred und sein Hanswurst
Ein Malbuch mit 66 heiteren Geschichten in Versform
Für Jugendliche im Alter von 8 - 88 Jahren
ISBN 978-3-8334-8037-9

Die frivolen Geschichten
mit König Alfred und seinem Hanswurst
ISBN 978-3-8334-8038-6

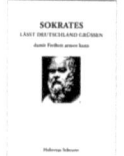

Sokrates läßt Deutschland grüßen –
damit Freiheit atmen kann
ISBN 978-3-8334-7988-5

Das große Kochbuch
Ein Menü für Juristen und verantwortungsbe-
wußte Staatsbürger
ISBN 978-3-8334-7987-8

Mir reicht´s - Deutschland ade
ISBN 978-3-8334-7986-1

Daß Liebe unser Leben durchdringt …
ISBN 978-3-8334-7977-9

Anfang und Ende
Gedichte für einen geliebten Menschen
ISBN 978-3-8334-8770-5

Für Dich
ISBN 978-3-8334-7975-5

Nur noch für Dich – Eine Liebeserklärung
ISBN 978-3-8334-7976-2

Nur noch für Dich, Band II
Eine Liebeserklärung
ISBN 978-3-8334-8769-9